China:
A
Century
of
Changes

Photograph
Collections
Exhibition

國家相冊

光影記憶 百年風華

目錄
CONTENTS

01   02   03

香港好　國家好
國家好　香港更好

光影記憶　百年風華
——《國家相冊》圖片典藏

全國政協副主席　董建華

光影記憶　百年風華
——《國家相冊》圖片典藏

珍貴的影像，是當時的瞬間，
回頭看是偉大的歷程。
昨天是歷史，今天繼續奮鬥，
明天實現民族復興。

全國政協副主席

梁振英

序言

新華通訊社社長　何平

照片無言，歷史有聲。

翻開《光影記憶　百年風華》畫冊，一幅幅深藏於時間記憶中的畫面撲面而來，令人震撼、耐人尋味、發人深省。

我們看到，英雄的中華兒女在民族危亡之際奮起抗爭，趕走侵略者，埋葬舊王朝，徹底結束了近代以來中國飽受屈辱的歷史；

我們看到，神州大地氣象萬千，從一窮二白到大步邁進社會主義社會，中國人民自力更生、發憤圖強創造了一個生機勃勃的新世界；

我們看到，改革開放大潮奔湧，經濟社會各領域發展日新月異，中華民族大踏步趕上了時代；

我們看到，全面小康夢想成真，歷史性成就、歷史性變革催人奮進，實現中華民族偉大復興進入了不可逆轉的歷史進程。

回首百年風雲變幻，中國共產黨的成立是開天闢地的大事變，飽經憂患的中華民族迎來了希望和曙光。一百年來，中國共產黨團結帶領中國人民，以"為有犧牲多壯志，敢教日月換新天"的大無畏氣概，書寫了中華民族幾千年歷史上最恢宏的史詩。每一位華夏兒女，都應永遠銘記這段苦難輝煌的歷史。

在中華民族偉大復興的百年征程中，香港從來都不曾缺席。這顆歷經滄桑的東方明珠，命運始終與祖國緊密相連。

1925 年 3 月，著名愛國人士聞一多滿懷悲憤地寫下《七子之歌》，將香港島、九龍半島等七個被割讓、租借的地方比作祖國母親被奪走的孩子，"以抒其孤苦亡告，眷懷祖國之哀忱"。

明珠蒙塵，國家蒙恥。彼時的香港，任人宰割，飽受欺凌；彼時的中國，山河破碎，生靈塗炭。

"母親，我要回來！"《七子之歌》的呼喊發出半個多世紀後，"一國兩制"偉大構想的提出，使香港問題得到順利解決，香港終於回到祖國的懷抱，東方明珠重放異彩。這是彪炳史冊的千秋功業，也是不可阻擋的歷史必然。

影像的力量勝過千言萬語，鏡頭的聚焦拉近時光的距離。畫冊中的各幅照片，以時間為經、事件為緯，用微鏡頭折射大背景，用小故事講述大時代，生動記錄了中華民族從站起來、富起來到強起來偉大飛躍的歷史軌跡。讀者可以循此走進中國一百多年來波瀾壯闊的發展歷程。

畫冊中的照片，都來自同一個地方——新華社中國照片檔案館。這個中國最大、最權威的照片檔案館，珍藏有上千萬張歷史照片，最早的一張拍攝於 1892 年。無論時光怎樣流逝，這些照片檔案始終以無聲的方式，成為見證百年歷史風雲的"國家相冊"。2016 年以來，新華社深入挖掘館藏資源，先後推出四季《國家相冊》微紀錄片，總瀏覽量已經超過 30 億。

歷史是最好的教科書。以此次在香港舉辦《國家相冊》大型圖片典藏展為契機，新華社與香港三聯書店合作，對展出照片進行了二次集納和排版，推出了呈現在讀者面前的這本畫冊。畫冊專設了"澎湃的香江"板塊，既有百年前工人運動的珍貴記錄，也有上世紀七八十年代經濟騰飛的生動見證，更有香港回歸祖國後揚帆遠航再出發的嶄新氣象。

照片雖會泛黃褪色，歷史永遠生動鮮活。從這本畫冊上可以看到，我們的先輩進行了怎樣的艱難求索，付出了怎樣的奮鬥犧牲，走過了怎樣的非凡歷程。重溫歷史畫面，既是追憶和感悟，更是希冀和展望。香港與內地血脈相連、密不可分，祖國的繁榮昌盛必將讓東方明珠更加璀璨奪目。

正如習近平主席指出："不論是過去、現在還是將來，祖國始終是香港的堅強後盾。"

我們堅信，有偉大祖國作為堅強後盾，有七百多萬香港同胞的共同奮鬥，有"一國兩制"的制度優勢，香港的明天一定會更加美好。

謹此為序。

2021 年 9 月於北京

融入中國歷史的大敘事

香港中聯辦副主任　盧新寧

　　今天，海量的數碼影像，讓時代的寫真"無微不至"，在數字時代之前，光影只能呈現於膠片，我們在按動快門之時，也更多幾分鄭重與莊嚴。

　　不過，無論是哪種媒介，當影像進入歷史地層，也就成為歷史敘事的一部分。吉光片羽之間，時代的脈絡已然顯現其中。

　　照片無言，歲月有聲。翻開《光影記憶　百年風華——〈國家相冊〉圖片典藏》畫冊，一幅幅或新或舊的照片，把我們帶回"歷史現場"。每一張照片都是一扇窗口，讓人看到百年來華夏兒女的風雨兼程、神州大地的滄桑巨變，看到中國共產黨帶領中華民族從站起來、富起來到強起來的偉大奮鬥，看到習近平總書記所言"中華民族幾千年歷史上最恢宏的史詩"。

　　這是刻印在每個中國人心中的集體記憶。國家富強、民族復興的進程，寫在每個中國人日常生活的瞬間。"九一八"事變後，離校抗日的燕京大學學生，眼裡寫滿堅毅；新中國第一部基本法婚姻法頒佈，領到結婚證書的男女，臉上充滿希望；北京第一高樓"中國尊"，腳手架上的工人，望向鏡頭微笑……

　　所有的變化，既源於人，又歸於人。厚重的"國家相冊"，來自普通的"人民故事"。回到這些"歷史現場"，我們在不可逆轉的民族復興進程中，看到個體命運的弧線；也在日常生活的點滴變化中，感受個體命運與國家、民族命運的密不可分。鏡頭定格的歲月風雲，予人一種強烈的歷史感。

　　如果缺乏這樣一種歷史感，對於個人而言，無疑是一種遺憾。畢竟，讓我們成為自己的，不僅僅是個性特點、生命際遇，也是漫長歷史中沉澱下來的文化基因，這讓我們能夠去想像一個超越自身的更大存在。

　　如果一個地方缺乏這樣一種歷史感，那就不僅是遺憾，更是缺憾了。"歷史、現實、未來是相通的", 在扁平化時空中, 無法形成有縱深感的歷史敘事;歷史、現實和未來沒有了連結, 山川河流便只有 "地理意義", 高樓大廈也只是 "海市蜃樓", 難免成為 "浮土"、"浮城"。

今天的香港正需強化這樣的歷史敘事, 在 "我城" 之上重構 "我國"。這本畫冊的最後一章, 題目正是 "澎湃的香江"。我們看到, 香港海員罷工勝利後, 歡慶的人群擠滿街頭;東江遊擊隊的戰士, 在新界開展抗日遊擊戰爭;回歸之夜, 香港員警更換帶有紫荊花圖案的新警徽;港珠澳大橋逐浪臥波, 延伸在天海之間……

近代以來, 滄桑國史中, 香港始終在場;復興進程裡, 香港從未缺席。可以說, 正是與祖國的大江大河緊緊相連, 香港有了歷史的厚度, 也有了文化的土層。對於香港, 這是一件幸事。

這樣的 "歷史現場" 也再次提醒我們, 香港接九州風、通五大洋, 長期以來就是中外之間的一條 "運河", 香港的優勢也正在於此;但所謂 "樹高千尺有根, 水流萬里有源", 香港是世界的、更是中國的。香港歷史的脈絡, 在祖國;香港文化的根基, 在祖國。香港要發展, 必須找到自己的歷史主流、回到自己的文化主場。只有讀懂歷史的大邏輯、融入中國的大敘事, 香港才能打開新的上升空間。

畫冊的最後, 是不久前東京奧運會上的一幕:乒乓球女團比賽頒獎儀式後, 冠軍中國隊與季軍中國香港隊一起合影, 五星紅旗和紫荊花紅旗交相輝映。

這是耐人尋味的時代意象。今天, 實現中華民族偉大復興進入了不可逆轉的歷史進程, 香港也已開啟由亂及治的重大轉折, 在世界百年未有之大變局中, 如何理解自己作為中華民族的一部分, 決定了香港如何認識自己、走向世界。

相信香江澎湃, 必將奔向更開闊的水域, 最終匯入一個民族走向復興的浩盪洪流。

2021 年 9 月 13 日於香江

01｜ 浙江省嘉興市南湖，一
艘普通的遊船。中國共產黨
第一次代表大會在這裡閉幕。
大會確定黨的名稱為 "中國
共產黨"，通過中國共產黨
第一個綱領和決議。
一百年來，中國共產黨團結
帶領人民書寫了中華民族幾
千年歷史上最恢宏的史詩。
（新華社稿）

02｜1949年10月1日，首都群眾在天安門廣場慶祝中華人民共和國成立。　（新華社稿）

03｜1949年10月1日，30萬軍民在天安門廣場隆重舉行開國大典。　（新華社稿）

04｜1949年10月1日，開國大典之夜。　（新華社稿）

05 | 1949 年 9 月 28 日，"海遼" 號輪衝破海上封鎖，從香港輾轉海外開回中國大連港。"海遼" 號輪在開國大典前三分鐘掛起五星紅旗。　　　（招商局集團供圖）

艱難的求索

不屈的中華民族

曾在迷茫中抗爭、求索

那些用生命點亮救亡圖存道路的人

永遠留下歷史的身影

06｜　第一次世界大戰後舉行的巴黎和會拒絕中國提出的廢除外國在華勢力範圍、撤退外國在華軍隊，取消 "二十一條" 及換文等合理要求，將德國在山東的特權全部轉交給日本，中國人民積聚已久的憤怒終於像火山一樣爆發。
1919 年 5 月 4 日，北京 13 所大中專院校的學生 3000 餘人到天安門前集會，遊行示威，掀起反帝愛國運動即五四運動。
（新華社稿）

07｜　1931 年 11 月，在江西瑞金召開了第一次全國工農兵代表大會，成立了中華蘇維埃共和國臨時中央政府。圖為大會選舉的情形。　　　（新華社稿）

08 │ 1931 年 "九一八事變"
後，燕京大學部分學生離校
奔赴抗日前線前合影留念。
1931 年 9 月 18 日，日本帝
國主義製造 "九一八事變"，
開始大舉侵佔中國東北，中
國人民奮起抵抗。"九一八事
變" 成為中國人民抗日戰爭
的起點。　　　（新華社稿）

09 │ 1943 年秋季，侵華日軍
對河北易縣狼牙山周圍地區
進行殘酷 "掃蕩"，70 個村
莊橫遭血洗。圖為父母都被
日軍殺害的兩個孩子。
（新華社稿　劉峰攝）

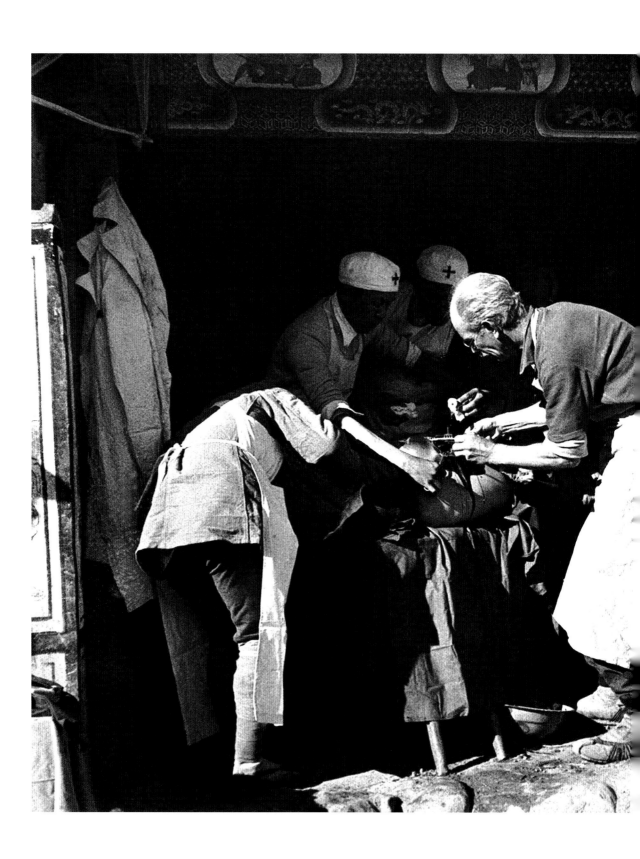

10 ｜ 1939 年 10 月，加拿大共產黨員諾爾曼．白求恩醫生在晉察冀邊區淶源縣臨時手術室裡為傷患做手術。白求恩是 20 世紀二三十年代知名胸外科專家，1938 年 1 月率援華醫療隊途經香港赴中國抗日根據地，支持中國人民的抗日戰爭，1939 年 11 月因傷口感染犧牲在太行山上。（新華社稿　吳印咸攝）

11 │ 1940 年 8 月至 10 月，八路軍在華北地區先後集中 100 多個團，對日本侵略軍進行戰略性進攻和反 "掃蕩" 作戰。圖為八路軍炮擊敵碉堡。　　（新華社稿）

12 │ 1941 年初，日軍集中兵力，對解放區進行大規模的 "掃蕩"，實行燒光、搶光、殺光的 "三光政策"。解放區軍民進行了艱苦的反 "掃蕩" 鬥爭。這是晉察冀邊區民兵破壞鐵路，使敵寇的交通陷於癱瘓。
（新華社稿　李峰攝）

13 │ 1941 年，八路軍騎兵勇猛作戰，出擊殺敵。1941 年 6 月，隨著蘇德戰爭爆發，日本侵略者加緊對華作戰，中國戰場成為世界反法西斯戰爭的東方主戰場。日軍對各抗日根據地特別是華北抗日根據地發動毀滅性的 "掃蕩" 和 "蠶食"，實行燒光、搶光、殺光的 "三光政策"。　　　　（新華社稿　石少華攝）

14 │ 1948 年 6 月，北京昌平
縣上下店子戰鬥中，解放軍
戰士冒著敵人的槍林彈雨，
猛撲敵陣。

北京昌平上下店子戰役，新
華社攝影記者袁苓拍攝了戰
士們頂著炮火衝鋒的情景。
前方，一個戰士剛剛倒下，
離他只有五六米遠。

下圖中的背影就是袁苓，除
了相機，他還背著槍、手榴
彈、乾糧袋，和戰士的裝束
一模一樣。

這是袁苓的戰友郝建國在他
身後拍下的。那一年，袁苓
和郝建國都只有 23 歲。

（上圖　新華社稿　袁苓攝）
（下圖　新華社稿　郝建國攝）

15 │ 1948 年冬，淮海戰役期間，解放軍指戰員在戰壕裡參觀隨軍記者拍攝的新聞照片。　　（新華社稿　袁克忠攝）

16｜ 1949 年，江蘇夾江北岸，19 歲姑娘顏紅英划著全家賴以生存的小木船，運送解放軍戰士渡江作戰。1949 年 4 月 20 日，人民解放軍打響渡江戰役。當年渡江戰役的指揮員之一張震將軍看到這幅照片時感慨說："沒有人民的支援，我們過不了江。"
（新華社稿　鄒健東攝）

17 | 1949 年 4 月 21 日，解放軍萬船齊發橫渡長江。　（新華社稿）

18｜1949 年 4 月 23 日，中國人民解放軍佔領
南京總統府。　　（新華社稿　鄒健東攝）

火熱的歲月

在百廢待興的歲月
充滿未來的希望
渾身有使不完的勁兒
因為人民翻身做主人了

19 │ 1949 年 10 月 2 日，北京慶祝中央人民政府成立，大街小巷張燈結綵。圖為市民在觀看遊行宣傳隊。
（新華社稿　張醒生攝）

20｜北京市郊土地改革工作
1949年冬開始，1950年春完
成。圖為北京市郊土地改革
時，農民在丈量土地。
（新華社稿　王純德攝）

21｜江西省瑞金地區土改工
作隊隊員正在向農民宣傳土
地改革法。
1950年6月30日，《中華人
民共和國土地改革法》公佈
施行。到1952年底，除一部
分少數民族地區外，土地改
革在中國內地基本完成，封
建土地所有制被徹底摧毀。
（新華社稿）

22 ｜ 1950 年，參加北京龍鬚溝改造工程的工人在挖掘新的溝道。

新中國成立前，北京天橋附近的龍鬚溝是一條污物漂流、蚊蠅孳生的臭水溝，附近地區也是北京最大的貧民窟。新中國成立後，立即對它進行徹底整治，變成一條清水溝。作家老舍以此溝的變化為題材，寫下了著名的《龍鬚溝》劇本。
（新華社記者　盛繼潤攝）

23 ｜ 1951 年 10 月，北京市前門往來城鄉間的車輛。
（新華社稿　王純德攝）

24│20 世紀 50 年代，湖南省瀏陽縣永福鄉農民曾菊蘭（男）、羅慈英（女）在鄉政府結婚登記後領到了結婚證書。
1950 年 4 月 13 日，婚姻法正式頒佈。新中國第一部基本法，管的是結婚離婚家常事。
（新華社稿　毛松友攝）

25｜ 1951 年 6 月 30 日，慶祝中國共產黨成立 30 週年大會在北京先農壇體育場舉行，與會各界代表在莊嚴的國歌聲中肅立。
1935 年，電影《風雲兒女》上映，由田漢作詞、聶耳作曲的主題歌《義勇軍進行曲》傳唱全國。在開國大典上，該曲作為代國
歌第一次在天安門廣場響起。　　（新華社記者　錢嗣傑攝）

26｜ 1952 年 8 月 8 日，河北
省懷柔縣第一區釣魚臺村托
兒互助組朱老太太給孩子們
洗澡。
（新華社記者　鄒健東攝）

27 ｜ 1954 年，修築川藏公路的解放軍戰士們在怒江兩岸懸崖陡壁上鬪山築路。

1954 年 12 月 25 日，川藏公路全線貫通，西藏各族人民世世代代被高原隔絕的歷史劃上了句號。為築路犧牲的 3000 多名戰士，化為一路上永恆的里程椿。

（新華社記者　李萬春、張加里攝）

28 │ 1956 年 5 月 26 日，北京至拉薩航線試航成功。從北京出發的飛機飛臨拉薩附近機場上空時，受到藏族同胞熱烈歡迎。
（新華社記者　錢嗣傑攝）

29｜1956 年 2 月 23 日，新疆石油公司黑油山鑽探隊工人在第一口出油井高壓“聖誕樹”上開閘門，讓原油渦進油罐裡去。
1956 年 3 月，黑油山二號井發生劇烈井噴，鑽井隊員們冒著零下 30 多攝氏度的嚴寒奮戰了三天三夜。最後，30 多米高的井架
變成了冰塔，工人也成了身穿“冰盔冰甲”的“冰人”。　　　（新華社記者　高銳攝）

30｜1956 年 7 月 1 日，中華人民共和國最高人民法院特別軍事法庭在瀋陽開庭，審判古海忠之（右一）等 28 名日本侵華戰爭罪犯，前偽滿洲國皇帝溥儀（左二）出庭作證。
（新華社記者　于肇攝）

31｜1957 年 10 月 15 日，武漢長江大橋正式通車。這是中國在長江上修建的第一座鐵路、公路兩用橋樑，改變了長江 "分割" 中國南北的歷史。圖為 1957 年 5 月 4 日，武漢長江大橋鋼樑合龍慶祝大會在大橋橋頭舉行。　　（新華社稿）

32 | 1959 年 8 月，廣東順德縣北滘公社社員搶收被淹的早稻。　　　（新華社記者　呂厚民攝）

33｜ 1964 年 10 月 16 日，中國第一顆原子彈爆炸成功。
（新華社稿）

34｜ 1967 年 6 月 17 日，中國在西部地區上空成功地爆炸了第
一顆氫彈。 （新華社稿）

35｜ 1970 年，中國成功發射
了第一顆人造衛星。當衛星
通過北京上空時，人們激動
地爭相眺望。
在茫茫宇宙中，中國第一顆
人造衛星"東方紅一號"迄
今仍在軌運行。
（新華社稿）

36 │ 1975 年 7 月 21 日，考
古人員在陝西省臨潼縣秦始
皇陵兵馬俑陪葬坑發掘現場
清理文物。
秦始皇陵兵馬俑陪葬坑是當
代最重要的考古發現之一，
震撼世界的同時，也陸續解
開諸多歷史密碼。
（新華社記者　安克仁攝）

浩蕩的春風

敢為天下先
萌芽破土滿眼春
無數人的奮鬥
匯聚成推動時代發展的磅礴力量

37｜ 安徽省鳳陽縣小崗村 18 名農民在 "包產到戶" 的契約上按下了紅手印，拉開了中國農村經濟改革乃至整個經濟體制改革的序幕。此為 "大包乾" 帶頭人當時的合影。　　　（新華社稿）

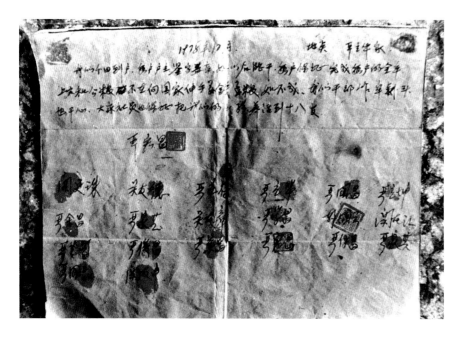

38｜ 1978 年冬，安徽省鳳陽縣小崗村 18 位農民按下紅手印的 "包產到戶" 契約。
小崗村的 18 家農戶為了能吃飽飯，"不在（再）向國家伸手要錢要糧"，率先實行了 "包產到組、包產到戶"。
（新華社稿）

39｜1979 年 7 月 8 日，深圳蛇口轟然響起炸山填海的開山炮，被譽為中國改革開放的 "第一炮"。深圳蛇口工業區的建設者點燃開山炮，來自四面八方的追夢人將南海邊的一個 "圈"，變成中國改革開放的最前沿。幾年後，"時間就是金錢、效率就是生命"，這句始發於蛇口的口號點燃了中國市場經濟發展的 "火種"。　　　　　（新華社稿）

40｜20世紀 70 年代末，招商局集團在深圳創辦蛇口工業區。這是中國第一個對外開放的工業園區，它的創立和發展為一年之後的深圳經濟特區的創立起了探路者的作用。圖為深圳蛇口工業區 1987 年和 2021 年航拍對比。　　　　　（招商局集團供圖）

41 ｜ 1984 年參加北京國慶巡遊的招商局蛇口工業區彩車，彩車上掛著巨幅標語 "時間就是金錢"。　（招商局集團供圖）

42 ｜ 1987 年 12 月 1 日，深圳市政府舉行土地使用權公開拍賣。深圳房地產公司經理駱錦星（舉 11 號牌者）以 525 萬元的價格，獲得了市政府拍賣的一塊 8588 平方米住宅用地的使用權，使用期限 50 年。土地拍賣在深圳成功破冰的第二年，經過修改的法律規定，土地的使用權可以轉讓。

（新華社記者　程至善攝）

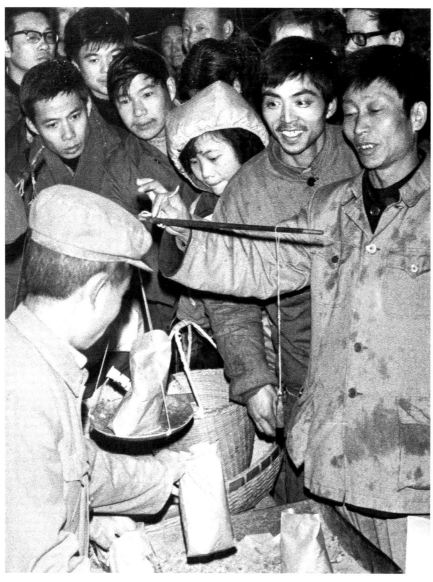

43 ｜ 20 世紀 80 年代初，安徽個體戶年廣九炒賣的 "傻子瓜子" 受到市場追捧，生意快速擴
張。這個執秤賣瓜子的人就是年輕時候的年廣九。　　　　　（新華社稿）

44 │ 1992 年 8 月 14 日，上海證券交易所在文化廣場開設股票買賣臨時委託點，緩解股票買賣緊張。1990 年 12 月 19 日，一面
從舊貨市場淘來的銅鑼，敲響了上海證券交易所第一記開市鑼聲。8 隻股票，12.34 億元市值，開啟了中國資本市場的大幕。
（新華社記者　柳中央攝）

45 │ 1909 年，京張鐵路修成時，詹天佑（車前右第三人）與同事合影。京張鐵路為詹天佑主持修建並負責的中國第一條鐵路，
連接北京和河北張家口，全長約 200 公里，1905 年 9 月開工修建，1909 年建成。這是中國首條不使用外國資金及人員，由中國
人自行設計、投入營運的鐵路。　　　　（新華社稿）

46 | 京張鐵路青龍橋車站附近的 "人" 字軌——這是詹天佑創造性的設計。
（新華社稿）

47 | 2020 年 12 月 12 日，一列運行試驗動車組列車駛過銀西高鐵馬坊溝特大橋（無人機照片）。2020 年末，全國高鐵營業里程達 3.79 萬公里，位居世界第一。廣深港高鐵香港段投入運營，標誌著香港正式接入國家高鐵網絡。
（新華社記者　陳斌攝）

48 ｜ 2018 年 5 月 1 日，在 "中國當代十大建築" ——北京 "中國尊" 的建築工地上，中建三局的陳健康在工地上施工。
（新華社記者　金良快攝）

49｜1998 年 8 月 21 日，一條漁船擱淺在湖北省嘉魚長江大堤桃紅險段江面上。解放軍南海艦隊官兵奮力將危船拉到安全地帶。
（新華社稿　李亞舟、牛志軍攝）

51 │ 1949 年 10 月 1 日，受檢閱的中國人民解放軍山炮部隊由騾馬拖拽，參加分列式。　　　（新華社稿　熊知行攝）

52 │ 2016 年 10 月 28 日，空軍試飛員駕殲－20 參加第 11 屆中國航展，這是中國自主研製的新一代隱身戰鬥機首次公開亮相。
這是殲－20 飛機資料照片。　　（新華社稿　朱鵬攝）

53 ｜ 2021 年，斯里蘭卡與中國 "一帶一路" 重點合作項目——科倫坡港口城。科倫坡港口城項目是中斯兩國在 "一帶一路"
建設中的重點合作項目，由斯里蘭卡政府和中國港灣科倫坡港口城有限責任公司聯合開發，2014 年 9 月動工。
（招商局集團供圖）

54｜ 2008 年 5 月 17 日，在汶川地震中被壓在廢墟下近 125 小時後，20 歲的小夥子蔣雨航被搜救隊員從映秀鎮都汶公路收費站宿舍的廢墟中救出。
2011 年 8 月底，蔣雨航以出色表現和優異成績進入公安消防部隊昆明指揮學校，至今仍在消防部隊服役。
（新華社記者　陳燮攝）

55｜ 2008 年 5 月 13 日，在四川省北川縣地震災區，一名北川中學學生在武警官兵幫助下救助被壓在瓦礫堆中的同學。
（新華社記者　陳燮攝）

56 │ 2003 年 5 月 15 日，SARS 肆虐，北京小湯山醫院隔離區內工作人員等待搬運醫用物資。　　　　（新華社記者　王建民攝）

57｜　2003 年 5 月 21 日，北京小湯山 SARS 定點醫院隔離區內的醫護人員在觀看慰問演出。
（新華社記者　王建民攝）

58｜　2020 年 3 月 10 日，在湖北省武漢市武昌方艙醫院，青海醫療隊隊員劉海婷（左）、許國娟在等待新冠肺炎治癒患者出艙時小憩。
（新華社記者　費茂華攝）

59｜2020 年 2 月 24 日，醫護人員將患者送往病房。當日，武漢火神山醫院開始收治新冠肺炎確診患者。
（新華社記者　蕭藝九攝）

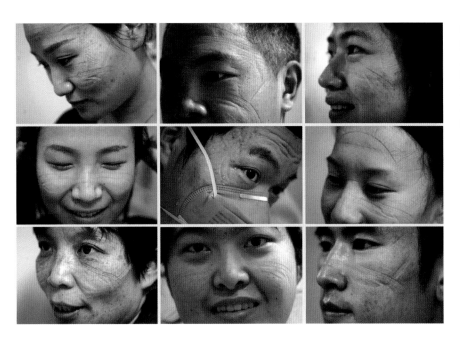

60 | 這是 2020 年 2 月 6 日拍攝的江西省南昌大學第一附屬醫院象湖院區新冠肺炎隔離病房重症監護室醫護人員臉上被護目鏡和口罩壓出的印痕。
（新華社記者　萬象攝）

61 | 2020 年 2 月 24 日，在武漢市江岸區黃石路漢口大藥房，惠民苑社區網格員豐楓把為居民購買的藥掛在身上。
（新華社稿）

62｜2020 年 3 月 5 日傍晚，在湖北省武漢大學人民醫院東院，復旦大學附屬中山醫院支援湖北醫療隊醫生在護送患者王欣做 CT 的途中停下，讓住院近一個月的老人欣賞久違的日落。
（新華社稿　甘俊超攝）

63｜2020 年 3 月 24 日，"看夕陽的老人"王欣康復後在東西湖區園藝花城社區內拉小提琴。
（新華社記者　熊琦攝）

64 | 右圖：2012 年 9 月 3 日，廣西大化瑤族自治縣弄勇村弄頂屯的孩子們扛著生活用具去學校。左圖：2017 年 1 月 11 日，水泥公路從學校修通到家門口。改革開放以來，中國有 7.7 億農村貧困人口擺脫貧困，絕對貧困問題得到歷史性解決。
（新華社記者　黃孝邦攝）

65 │ 1992 年，甘肅旱情嚴重，通渭縣李家店鄉上街合作社 50 多戶人家僅有的兩眼泉水已近乾涸，群眾不得不日夜守候在泉邊
等水。 （新華社記者　王振山攝）

66｜2020 年 6 月 18 日，甘肅通渭縣李家店鄉李店村拍攝的金銀花標準化種植基地（無人機照片）。
（新華社發　張智敏攝）

67 ｜ 2017 年 2 月 12 日，無人機拍攝的四川省涼山彝族自治州美姑縣四峨吉村約 6 公里的道路。

派到村裡的扶貧幹部蔣富安帶領村民修路。2016 年 8 月 22 日因勞累猝死，年僅 26 歲。2012 年至 2020 年，全國共有 1800 多名扶貧幹部犧牲在脫貧攻堅戰場上。

（新華社記者　劉坤攝）

68 | 怒江峽谷位於雲南省西北邊陲，山勢陡峭巍峨，江水奔騰洶湧，自古被形容為 "岩羊無路走，猴子也發愁"。隔江相望的居民需要冒著生命危險，用竹篾溜索過江。20 世紀 80 年代，怒江上架起 29 座吊橋和 83 條鋼繩滑輪溜索。圖為 1984 年怒江沿岸居民乘鋼繩滑輪溜索過江。　　（新華社記者　李玉龍攝）

69 | 雲南省獨龍江鄉白來感恩大橋，2020 年 10 月 29 日無人機拍攝。　　（新華社記者　胡超攝）

知識的力量

知識是一種力量
一個人的汲取
與一個民族和國家的進步
有了具體而清晰的關聯

70 │ 1941 年，太行山區，一個孩子放學回到家還捧著書來讀。
（新華社稿　徐肖冰攝）

71 │ 1949 年春節期間，上海街頭的小人書攤。
（新華社稿）

72 │ 1951 年，河北定縣翟城村冬學學員在聽課。1949 年至 1969 年，中國先後四次開展掃盲運動。到 2000 年，中國文盲率下降
至 6.72%。　　（新華社記者　曹興華攝）

73｜ 1952 年 8 月 2 日，慶祝
中國人民解放軍建軍 25 週年
全軍運動會在北京舉行，運
動員在進行識字賽跑比賽。
起跑不用發令槍，誰先寫出
規定的幾個字，誰就可以起
跑。之所以這樣，是因為當
時很多運動員都是文盲。這
種文化普及方式，堪稱世界
奇觀。
（新華社記者　岳國芳攝）

74｜1952 年，"速成識字法"發明者祁建華（左）在行軍中教解放軍戰士學習注音字母，戰士們背包上都貼上了注音字母。
（新華社記者　岳國芳攝）

75｜ 1960 年 6 月，新疆慕士
塔格峰下，大人們在小學生
幫助下學習文化。
剛讀書不久的孩子，反過來
教半輩子不識字的大人，這
是那個年代的特殊產物。那
是新中國在還舊社會欠下的
文化賬。
（新華社記者　武純展攝）

76｜1964年春，新疆伊犁哈
薩克自治州昭蘇縣的哈薩克
族小學生們。
（新華社記者　武純展攝）

77｜1977年，在北京參加高
等學校入學考試的青年在認
真答卷。
1977年，中斷10年的高考
制度恢復，這如春天的第一
聲驚雷，給數千萬在困苦中
彷徨的中國青年帶來了希
望。經過11年積壓，師生、
夫妻甚至父子同時參加高考
的現象都不罕見。考生中，
年齡最大的37歲。
（新華社稿）

78｜ 1979 年，清華大學 77 級學生在上課。40 年過去，高等教育日益普及。全國高考錄取人數從 1977 年的 27 萬，到 2016 年的 772 萬，增長了近 30 倍。伴隨著改革開放，恢復高考的這一代人中，許多人都成為了各領域的棟樑。
（新華社記者　顧德華攝）

79 │ 1957 年 12 月，河南省林縣庵子溝一所民辦小學學生在做廣播體操。　　（新華社記者　唐茂林攝）

80｜ 1955 年 10 月 12 日，錢
學森從美國歸國到達上海。
圖為錢學森（右三）和家人
在上海家中合影。
錢學森是享譽海內外的傑出
科學家和中國航天事業的奠
基人。1999 年 9 月 18 日，
他與其他 22 位為研製 "兩彈
一星" 做出突出貢獻的科學
家受到黨和國家的表彰。
（新華社稿）

81｜ 1975 年 11 月 19 日，"雜交水稻之父" 袁隆平（右三）在觀察雜交水稻生長情況。1973 年，中國秈型雜交水稻科研協作組
袁隆平等人，在世界上首次培育成功強優勢的秈型雜交水稻。中國用不到世界 9% 的耕地，養活了世界近五分之一的人口，將
飯碗牢牢端在自己手中。　　　（新華社記者　孫忠靖攝）

82｜1957 年，中醫研究院研究實習員屠呦呦（右）與北京醫學院副教授樓之岑一起研究中藥。
2015 年，屠呦呦因開創性地從中草藥中分離出青蒿素應用於瘧疾治療獲得諾貝爾獎。這是中
國科學家在中國本土進行的科學研究首獲諾貝爾科學獎，是中國醫學界迄今為止獲得的最高獎
項，也是中醫藥成果獲得的最高獎項。屠呦呦說：“青蒿素是人類征服瘧疾進程中的一小步，
是中國傳統醫藥獻給世界的一份禮物。”　　　　　　（新華社稿）

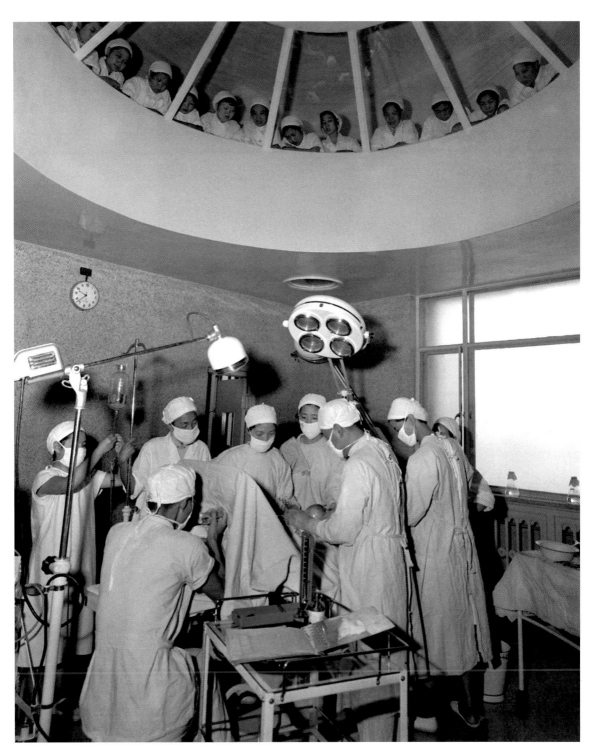

83 | 1959 年 9 月 5 日，北京市婦產醫院年輕醫務人員在新型手術觀察臺上，觀看婦產科專家林巧稚（左後第二人）做手術。
林巧稚稱自己是 "一輩子的值班醫生"，親手迎接了 5 萬多個新生命，被稱為 "萬嬰之母"。　　　　（新華社記者　楚英攝）

84 | 2003 年 10 月 15 日 18 時 40 分，中國第一位航天員楊利偉從太空向世界各國人民問好，並在艙內並列展示了五星紅旗和聯合國旗（攝於北京航天飛行控制中心大屏幕）。
（新華社記者　趙建偉攝）

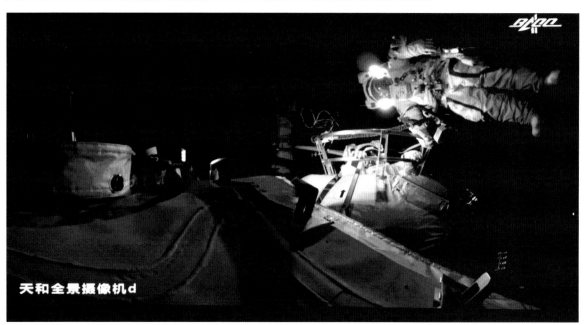

85 | 2021 年 7 月 4 日，兩名中國航天員在艙外工作場面（攝於北京航天飛行控制中心大屏幕）。
（新華社記者　金立旺攝）

86 | 2017 年 6 月 11 日，"蛟龍" 號載人潛水器出水，準備回到船上甲板。以 "蛟龍" 號載人潛水器、"科學" 號科考船投入應用為代表，我國快速挺入 "國際深海俱樂部"。　　　（新華社記者　劉詩平攝）

自然的交響

世間萬物
每天都在譜寫自己的樂章
人類與自然
在交響中命運共生

87 │ 1957 年 6 月，四川省貢嘎山，登山運動員們在向坡度近 80 度的雪脊上爬去。山依然在那裡；登山勇士們不畏險阻、一往無前的精神還在那裡；人類在危難時刻彼此相依、友愛互助的溫暖還在那裡。　　　（新華社稿　史占春攝）

88 ｜ 1975 年 5 月 27 日，我
國運動員索南羅布、羅則、
侯生福、桑珠、大平措、貢
嘎巴桑、次仁多吉、阿布
飲、潘多從北坡登上珠峰。
（新華社稿　侯生福攝）

89 ｜ 2020 珠峰高程測量登山
隊隊員在珠穆朗瑪峰峰頂開
展測量工作。
（新華社稿　扎西次仁攝）

90｜1964 年 5 月，中國登山隊科學考察隊在希夏邦馬峰海拔 5600 米的冰塔區發現了一個深約 10 米的冰洞。冰川，蘊含著人類的過去與未來。走得越近，越為冰川的自然之美和科學價值而驚歎。　　　　（新華社記者　馬競秋攝）

91 ｜ 1960 年代，河北省塞罕壩唯一一棵落葉松，被稱作 "功勳樹"。三代人用 55 年的時間，將昔日飛鳥不棲、黃沙遮天的荒原，變成百萬畝人工林海，創造出從一棵樹到一片林海的生態奇跡。　　（新華社稿）

92 ｜ 2017 年，塞罕壩美景。
塞罕壩，曾經是 "黃沙遮天
日，飛鳥無棲樹" 的荒漠沙
地，經過 55 年持續造林，
變成廣袤林海、減排固碳的
"天然氧吧"。
（新華社稿　王龍攝）

93 │ 1957 年夏，青海省撒拉族自治縣農民引黃河水灌溉農田。　　（新華社記者　張瑛華攝）

94 | 1958 年春，包頭至蘭州鐵路南段的鋪軌工程進入騰格里沙漠地帶，工人們冒著狂風和熾熱的太陽修築 "防沙欄"。幾十年來，中國堅持治理沙漠，全國沙化土地面積由 20 世紀末年均擴展 3436 平方公里轉變為目前的年均縮減 1980 平方公里。
（新華社記者　黎楓攝）

95 | 1961 年 11 月 8 日，治沙工人在包蘭鐵路沿線固定流沙的草方格中栽種沙生植物。

1957 年初，包蘭鐵路施工進入到騰格里沙漠的沙坡頭段。經過反覆試驗，科研人員和中衛固沙林場職工發現 1 米見方的麥草方格固沙效果最好。1994 年，中衛固沙林場被聯合國環境規劃署評為 "全球環境保護 500 佳先進單位"。
（新華社記者　李福鑄攝）

96 │ 1962 年冬，吉林省長白山地區，滑雪愛好者在滑雪。　　（新華社記者　劉恩泰攝）

97 | 1985 年 7 月 26 日至 8 月 15 日，我國一支西藏高原潛水科學實驗隊，在海拔 4500 米左右的羊卓雍湖，創造了潛水深 30 米的世界高原潛水紀錄。這次實驗成功為開發利用高原水力資源，建設羊卓雍湖水電站提供了科學根據。
（新華社記者　許群攝）

98 | 2002 年 4 月 11 日，青海，隨著沙丘的活化，人們被迫遷徙，公路也在沙丘間中掙扎。
（新華社記者　王精業攝）

99 ｜ 2015 年 9 月 9 日，位於
三江源保護區的青海省貴南
縣黃沙頭防沙固沙點。
青海素有"中華水塔"之美
譽，是長江、黃河和瀾滄江
的發源地。這裡曾經由於氣
候變暖、連年乾旱，加之過
度開墾放牧，使荒漠化日趨
嚴重。2005 年，我國啟動三
江源生態保護工程。
（新華社記者　吳剛攝）

100｜ 2015 年 9 月 16 日，郭川抵達白令海峽留影。
2015 年郭川率領他的團隊在 9 月 3 日從俄羅斯城市摩爾曼斯克出發，沿北極東北航道海域航行，用時 12 天 3 小時 8 分 15 秒，航行約 3240 海里，抵達白令海峽的終點線。這是人類航海史上首次駕駛帆船，採取無動力、不間斷、無補給方式穿越北極東北航道。
（新華社稿）

101｜1990 年 6 月上旬，中國可可西里綜合科學考察隊離開青藏公路，穿越沼澤地，向長江源頭各拉丹冬雪山挺進。
（新華社記者　馬千里攝）

102 │ 2016 年 6 月 7 日，青海可可西里，一群雌性待產藏羚羊正在通過青藏公路。藏羚羊遷徙是世界上最為壯觀的有蹄類動物大遷徙之一，其中暗含的 "生態密碼"，仍有待科學家持續探索。1997 年，可可西里國家級自然保護區成立，標誌著中國現代自然保護的開端。　　　（新華社記者　吳剛攝）

文化的滋養

藝術的根與魂
始終扎在生活的泥土裡
唯有人民
才能哺育出偉大的藝術

103｜1940 年，作家茅盾在延安魯迅藝術文學院為文學系學生講課。

延安魯迅藝術文學院創建於 1938 年 4 月，是中國共產黨第一所培養文學藝術專業幹部的高等院校，1943 年 4 月併入延安大學，1945 年停辦，培養了一大批文學家、戲劇家、音樂家、美術家，留下了《黃河大合唱》、《白毛女》等一批傳世之作。
（新華社稿）

104｜1943 年，李波（女）、王大化在延安街頭表演秧歌劇《兄妹開荒》。
（新華社稿　徐肖冰攝）

105 │ 1949 年 3 月 31 日，以畫家張樂平原作《三毛》為題材的故事影片在上海開拍。張樂平與演職人員在一起。張樂平於 1935 年創作的 "三毛" 是中國家喻戶曉的漫畫人物，伴隨了幾代人的成長。"三毛" 漫畫傳至香港時，逾四成的本地漫畫家都追隨張樂平的風格，之後才慢慢發展成多元化漫畫風格。　　　　（新華社稿）

106 ｜ 1962 年 2 月，著名豫劇演員常香玉在河南省平頂山煤礦為礦工和人民公社社員清唱豫劇。"戲比天大"、"不忘人民"——
常香玉一生堅守的這兩條準則，讓她藝術的根與魂長久留存萬千百姓心間。　　　　（新華社記者　張青雲攝）

107 ｜ 1952 年，著名作家巴
金（右）、黃谷柳在朝鮮前
線的工事裡寫作。
（新華社記者　錢嗣傑、葛力
群攝）

108 │ 1950年，著名畫家徐悲鴻在為戰鬥英雄苟富榮畫像。　　（新華社記者　岳國芳攝）

109 │ 1959 年，修建密雲水庫的民工們在勞動後進行聯歡。
（新華社記者　喻惠如攝）

110 │ 1957 年 11 月，故宮博物院修整組 69 歲老技師多寶臣在修理乾隆年代的雕漆花籃式掛屏。
建成於 1420 年的故宮，曾是明清兩代皇宮。創辦於 1925 年的故宮博物院，到 2019 年已成為世界上來訪觀眾最多的博物館。
（新華社記者　顧德華攝）

111 │ 1958 年，首都作家、藝術家冒著嚴寒訪問了京西礦區。這是文藝工作者在井下參觀。左起第三人是京劇藝術大師梅蘭芳。梅蘭芳（1894—1961），京劇旦角著名流派 "梅派" 創始人，中國國寶級藝術大師。梅蘭芳的代表作有《霸王別姬》《貴妃醉酒》《天女散花》等。　　　（新華社記者　吳化學攝）

1957 年 10 月，蘇聯國立新西伯利亞歌劇芭蕾舞劇院為北京石景山鋼鐵廠工人演出。　　（新華社記者　鄭震孫攝）

113 | 1959 年 10 月，中國敦
煌學奠基人之一、首任敦煌
研究院院長常書鴻（左二）
在指導敦煌文物研究所工作
人員臨摹壁畫。
敦煌莫高窟開鑿於公元 366
年，現存 735 個洞窟、4.5 萬
平方米壁畫和 2000 多身彩
塑，是一座偉大的民族藝術
寶庫。莫高窟很多壁畫破損
嚴重，甚至每一天都有新的
損毀。在沒有任何修護手
段的情況下，敦煌文物研究
所工作人員唯一能做的，就
是把能看到的一切，都臨摹
下來。
（新華社記者　郝常耕攝）

114 | 1963 年 7 月 3 日，京
劇表演藝術家蓋叫天（右）
在上海拍攝彩色戲曲片《武
松》。
（新華社記者　王子瑾攝）

115 ｜ 1964 年夏，新疆于闐文工隊隊員正在翻越沙丘，準備到沙漠邊緣的農村去演出。　　（新華社記者　艾海提攝）

116 │ 1979 年，美國小提琴家艾薩克‧斯特恩訪問上海，為上海音樂工作者和上海音樂學院師生示範、講學。圖為斯特恩在給上海音樂學院師生公開講學。　　（新華社記者　楊溥濤攝）

117 │ 1997 年 4 月 1 日晚，音樂家譚盾在湖北省博物館指揮錄製由他所作《交響曲1997》的編鐘部分。（新華社稿）

118 ｜ 1984 年 6 月 10 日，我國跳高運動員朱建華在聯邦德國埃伯斯塔特舉行的國際跳高比賽中，成功越過 2.39 米的高度，打破了由他 1983 年 9 月創造的 2.38 米的男子跳高世界紀錄。
（新華社稿）

119 ｜ 1985 年 11 月 17 日，中國女排戰勝古巴隊，第四次蟬聯世界盃女子排球賽冠軍，主攻手郎平激動地跳了起來。
1981 年至 1986 年，中國女子排球隊在世界盃、世界錦標賽和奧運會上 5 次蟬聯世界冠軍，成為世界排球史上第一支連續 5 次奪冠的隊伍。
（新華社記者　官天一攝）

120 │ 2012 年 10 月 31 日，
一位少林武僧在寺院內練習
武功。
（新華社記者　王頌攝）

121 ｜ 2018 年 12 月 30 日，遊客在頤和園冰場體驗各種冰上娛樂項目。當日，北京頤和園昆明湖 70 萬平方米的冰場正式開放。
（新華社記者　陳曄華攝）

122｜ 2008 年 8 月 8 日，北京奧運會開幕式上的表演。2022 年 2 月 4 日至 2 月 20 日，第二十四屆冬季奧運會將於北京舉行。
（新華社記者　郭大岳攝）

123｜ 2012 年 12 月 6 日，瑞典首都斯德哥爾摩，獲得諾貝爾文學獎的中國作家莫言在瑞典文學院舉行新聞發佈會。
（新華社記者　武巍攝）

生活的變遷

生活的滋味
在胡同裡、灶臺上
百姓日子的小事
都是關係國計民生的大事

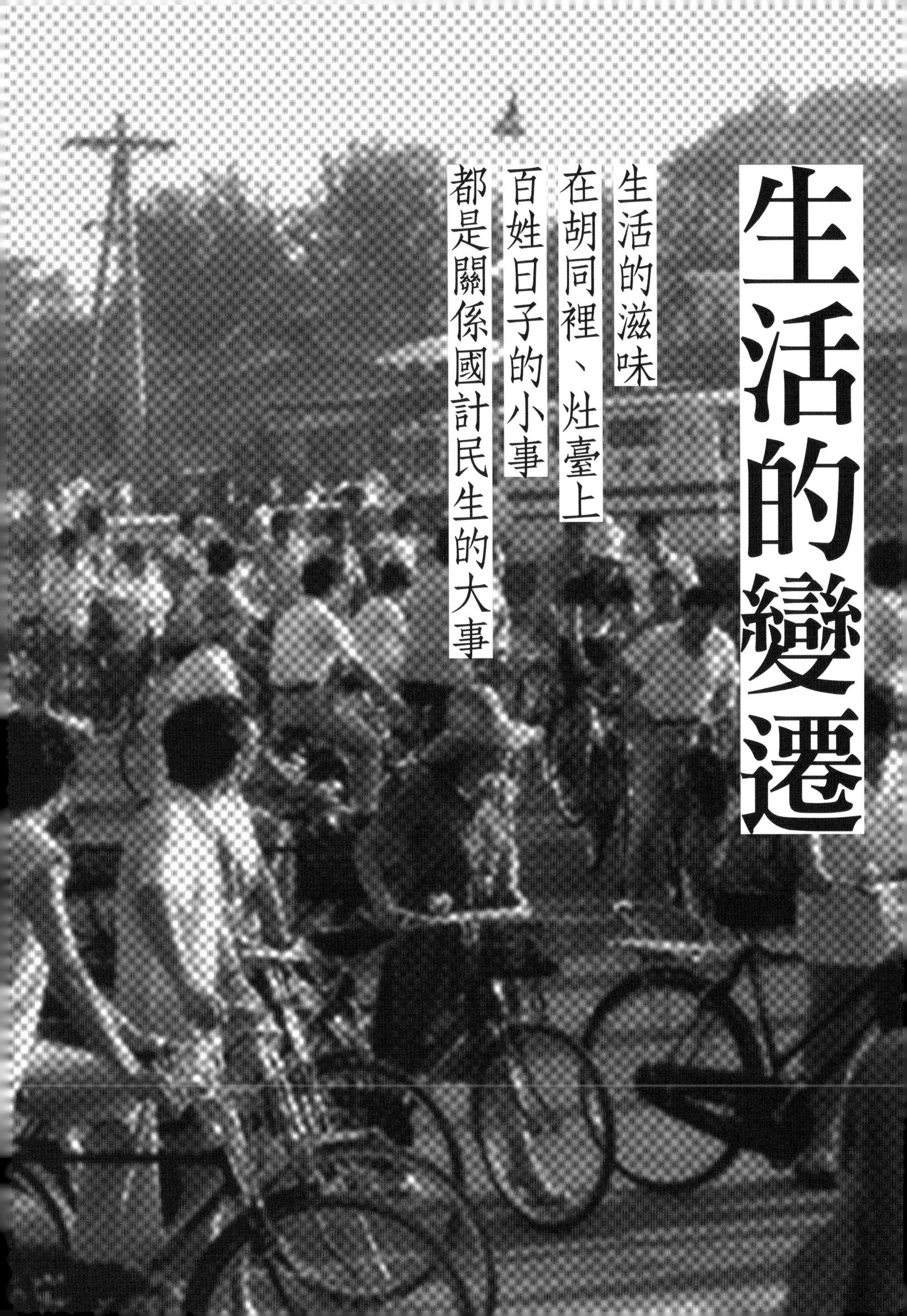

124 │ 1954年春節，河北省晉縣五區劉靳莊，兩位小姑娘在盪鞦韆。　（新華社記者　盛果攝）

125 │ 1961 年春節，逛北京廠甸廟會的孩子們在吃大串糖葫蘆。　　　（新華社稿）

126 ｜ 20 世紀 50 年代，81 歲漁民郭汝一家四世同堂 55 人在中秋節夜大團聚，歡度佳節。中秋的月亮又圓又亮，被人們看成是闔家團圓的象徵，更是中華民族對家庭團聚、民族團結、國家統一、世界和平的祈盼。　　（新華社稿）

127 ｜ 1959 年 10 月 13 日，河南省長葛縣坡胡公社胡玉堂一家照了一張 "五世同堂" 的闔家歡照片。
（新華社記者　張青雲攝）

128 │ 北京市游泳比賽大會於 1951 年 8 月 5 日在北京市人民游泳場舉行。參加比賽的運動員共 452 人,包括工人、戰士、幹部、學生等。　　（新華社記者　王純德攝）

129 │ 1956 年 3 月，天津南
郊區鹹水沽郵電支局郵遞員
們冒著風雪送報下鄉。
（新華社稿）

130 │ 1956 年 11 月，黑龍江
省大興安嶺下呼瑪縣白銀那
村鄂倫春族已經改變過去遊
牧的習慣，開始定居下來。
在村子裡，經常可以看到母
親們抱著嬰孩走親戚。為遮
避風沙，孩子是放在特製的
小搖籃裡的。
（新華社稿　張戈攝）

131 ｜ 1955 年 3 月，國家發行新的人民幣。這是天津南郊農民正在兌換新幣。1955 年，國家收回第一套人民幣，發行第二套人民幣，舊幣換新幣的比例是一萬塊換一塊。兩套人民幣通用期間，商品同時用新幣和舊幣兩種價格標示。習慣了“成千上萬”花錢的人們，很快適應了分票、毛票。　　　（新華社稿）

132｜1959 年 5 月，北京東四郵電局的營業員為普通話講得不好的顧客打長途電話。1978 年，中國固定電話普及率只有 0.43%，在電話大樓前帶著飯排隊打電話成了一景。1990 年，北京的電話初裝費是每部 5000 元，即便交了錢，也要排隊等上幾個月，甚至一兩年。
（新華社稿）

133｜1958 年，一支由中老年婦女組成的運棉隊——佘太君運輸隊，活躍在棉花豐收的河北省石家莊專區。
（新華社稿）

134 │ 1960 年 5 月，西藏黑河縣黑河區供銷社主任多吉正準備給牧民送貨。
今天的人可能難以想像，幾億人的中國農村，在長達幾十年中，買和賣全靠供銷社這麼一個 "商家"。
（新華社記者　陳珺攝）

135 │ 1963 年秋，四川省彭縣竹瓦公社天星大隊一生產隊的女社員高小群（右）在集市上給小寶寶添置穿戴。
鄉村集市裡的貨物，種類未必多，品質未必最好，但都外觀樸素、價格低廉，即便在物質匱乏的年代，也能滿足普通人之美。
（新華社記者　游雲谷攝）

136｜　中國主要棉花產區之一的新疆維吾爾自治區，1990 年棉花獲得大豐收，總產量達 34.9 萬噸，創歷史最高水平。圖為位於
塔克拉瑪干大沙漠南緣的且末縣維吾爾族農民交售新棉。　　　（新華社記者　李廣寬攝）

137 ｜ 1963 年 9 月，四川省
新繁縣新民公社第一大隊社
員史良成陪小兒子史宣德學
騎自行車。

1989 年，全國共有自行車
2.2 億輛，平均每分鐘即有
63 輛新車出廠。

（新華社記者　牛畏予攝）

138 ｜ 1987 年，北京有 609.8 萬輛自行車。自行車、手錶、縫紉機和收音機，是 20 世紀六七十年代中國家庭生活中的 "奢侈品"。80 年代，自行車逐漸成為中國人最重要、最普及的代步工具。90 年代以後，中國開始由自行車大國向汽車大國轉型。進入 21 世紀後，自行車不再是單純的實用型代步工具，也成為單車 "發燒友" 的時尚生活。　　　　　（新華社記者　成大林攝）

139 ｜ 20 世紀 50 年代，北京市小紅門鄉劉長齡生產合作社一位員工正在貯藏大白菜。北方冬天，白菜是一道風景，一入冬，家家戶戶都得存上幾百斤。樓房牆根下，平房小院裡，到處是碼得整整齊齊的菜垛。　　　　（新華社記者　毛松友攝）

140 ｜ 1979 年 9 月 2 日，第四屆全國運動會馬拉松賽跑在內蒙古呼和浩特市舉行。雲南省選手囊括比賽的前三名。圖為獲得第一名的許亮（中）和獲得第三名的彭家政（左）在比賽途中。
2018 年全國共舉辦馬拉松賽事 1581 場。
（新華社記者　唐茂林攝）

141 ｜ 20 世紀 60 年代，牧民蘇德那木扎木蘇夫婦領養了一個上海女嬰，取名娜仁花。1985 年 7 月 12 日，娜仁花（左二）一家在內蒙古錫林浩特市額爾敦塔拉牧場上合影。
（新華社記者　石雲子攝）

142｜1973年，內蒙古牧民在去參加那達慕大會的路上。
（新華社記者　寶音朝克圖攝）

143｜1979年3月19日，由法國著名時裝設計師皮爾·卡丹率領的法國時裝表演團在北京民族文化宮舉行了一場服裝表演。
（新華社稿）

144 ｜ 1982 年 1 月 18 日，上海最大的理髮店南京理髮店每天接待 250 多名女顧客燙髮。改革開放前，全國約有 1 萬家理髮店。截至 2016 年年底，全國美容美髮店已超過 18 萬家，中國人每年花在頭髮上的錢超過 1300 億元。　　　　　（新華社記者　夏道陵攝）

145 │ 1988 年，在拉薩開髮廊條件有限，美髮師利用高壓鍋產生的蒸氣為顧客燙頭髮。
（新華社記者　姜恩宇攝）

146 │ 1990 年 3 月，西藏當雄縣納木湖鄉三村女牧民斯卓不畏嚴寒，懷抱幼子，準備到遠處放牧。
（新華社記者　覺果攝）

147 │ 2002 年 9 月 15 日，上海寶山區十四街坊居民在弄堂裡給小朋友洗澡。

2002 年夏天，十四街坊 800 餘戶居民，在這個百年老街擁擠的弄堂裡熬過最後一個酷暑，第二年春季遷居新建的公寓房裡。

（新華社記者　陳飛攝）

148 │ 2004 年 12 月 17 日，俄羅斯首都莫斯科的加加林阿特拉斯宇航中心，10 名中國遊客在俄羅斯宇航員保護下體驗太空失重訓練的樂趣。他們不僅是該中心 1999 年底啟動商業旅遊項目以來首批嘗試太空失重實驗訓練的中國人，也是亞洲地區首個嘗試這一訓練的旅遊團。　　　（新華社記者　陳建力攝）

149 │ 2018 年 6 月 22 日，閩南古村埭美的文化嘉年華。埭美村四面環水，被稱為 "水上古村落"，村內古厝成群，是閩南紅磚建築文化的傑出代表。當地大力實施鄉村振興戰略，對埭美村環境進行整體改造提升，逐漸繁榮的鄉村旅遊經濟成為村民新的增收渠道。 　　（新華社記者　張國俊攝）

150 │ 2019 年 10 月 1 日，慶祝中華人民共和國成立 70 週年大會在北京天安門廣場隆重舉行。圖為 "致敬" 方陣中老兵關茂林的動情瞬間。（新華社記者　李尕攝）

澎湃的香江

東方之珠
以自己的故事
續寫不朽的香江傳奇
融入祖國百年奮鬥的壯麗史詩

151 │ 這是香港皇后大道 60 及 62 號的影樓。照片中的影樓有宜昌、輝來、興昌、南禎等。南禎畫樓設繪
畫肖像服務，反映香港早期照相館是由畫廊轉型而來的。　　　（新華社稿　夢周文教基金會藏）

152｜1922 年，香港海員罷
工勝利後，人們熱烈慶賀。
1922 年 1 月 12 日，香港中
國海員工人要求加薪遭英國
資本家拒絕，在中華海員工
業聯合總會蘇兆徵、林偉民
等領導下舉行了香港海員大
罷工。罷工人數最多時達 10
餘萬，經過 56 天的鬥爭，取
得完全勝利。
（新華社稿）

153｜1925 年 6 月，省港罷
工委員會委員合影。
1925 年 5 月 30 日，反對帝
國主義暴行的五卅運動在上
海爆發，並迅速席捲全國。
1925 年 6 月至 1926 年 10
月，廣州、香港爆發省港大
罷工。
（新華社稿）

154 │ 1938 年 6 月，宋慶齡在香港發起組織保衛中國同盟。圖為宋慶齡與委員們合影，左起：愛潑斯坦、鄧文釗、廖夢醒、宋慶齡、塞爾溫·克拉克夫人、諾曼·弗朗斯。右一為廖承志，他是奉中共中央派遣，到香港組織八路軍辦事處，主持抗日民族統一戰線工作的。（新華社稿）

155 │ 1941 年 12 月 8 日，日軍出動大批飛機轟炸香港。（新華社稿）

156 │ 東江遊擊隊的戰士在新界開展遊擊戰爭。由於香港與內地"血濃於水"的同胞情誼，抗日戰爭初期，香港民眾捐錢捐物，
回內地參戰，香港已成為中國抗日救亡運動的一部分。1941 年 12 月 8 日日軍侵略香港後，香港民眾積極參加反日鬥爭，中國
共產黨領導的東江縱隊港九大隊就是他們的傑出代表。　　（新華社稿）

157 │ 1947 年 5 月 1 日，新華社香港分社正式成立。九龍彌敦道 172 號，是棟小公寓樓，原先東江縱隊駐港辦事處在三層有兩個單元作為辦公室。這是 1948 年拍攝的社址。　　（新華社通聯圖片）

158 ｜ 中英街，這個曾經的
"勘界線"、"購物天堂"，
在時代的大潮中幾度興衰起
伏，見證著民族百年命運，
見證著波瀾壯闊的對外開放
歷程。圖為 20 世紀 40 年代
末拍攝的中英街。
（新華社稿　中英街管理局供
圖）

159 ｜ 1951 年 11 月 20 日，
香港九龍城東頭村發生大
火，造成 16000 多名災民流
離失所，廣東各人民團體捐
錢捐物，救助受災同胞。圖
為香港九龍東頭村受災同胞
領取救濟金。
（新華社稿）

160 ｜ 1952 年 3 月 1 日，香港各界同胞二萬餘人，齊集尖沙咀車站，準備歡迎廣東各人民團體慰問九龍城東頭村受災同胞代表團。　　（香港大公報稿）

161 │ 1949 年 11 月 13 日，中國航空公司、中央航空公司的 12 架飛機從香港北上，投奔新中國。歷史上將這次行動稱為"兩航起義"。圖為在上海舉辦的起義歸來慶祝會。　　（新華社稿）

162 │ 港英當局順從美帝國主義的意旨，在 1952 年 7 月 28 日午夜，出動了裝甲車、衝鋒車和大隊軍警，強行劫奪中國在香港的中國和中央兩航空公司的飛機和存置飛機零件的兩個倉庫，並毆打拘捕中方護產職工。圖為停放在啟德機場北區的中國航空公司的飛機。　　（新華社稿）

163 ｜ 1955 年在香港所攝《媽媽，到那邊去》入選第一屆全國攝影展。1961 年，這幅照片參加莫斯科藝術攝影展，在世界各地 5366 張參賽作品中名列第二，獲銀質獎章。　　　（新華社稿　唐遵之攝）

164 ｜ 上海越劇團從 1960 年 12 月 23 日開始在香港公演，到 1961 年 1 月 26 日止，共演出了 36 場，受到香港同胞的歡迎和讚賞。在一個多月的演出中，觀眾逾 6 萬人次，每次演出前幾天，戲票就被爭購一空。圖為香港同胞在九龍車站歡迎上海越劇團到來。 （新華社稿）

165｜20世紀60年代，香港街頭代筆寫信的“寫信佬”。在電信和交通不發達的年代，書信是聯絡親友的主要途徑，當時教育尚未普及，一般人教育水平不高，寫信或填寫申報表格，就要找人代筆。代筆寫信的“寫信佬”，多在郵局附近擺攤。隨著教育程度提升以及電信發展，代筆寫信這一行當就式微了。
（新華社稿　香港政府新聞處供）

166｜1997年，活豬專列押運員在趕豬上車。1962年，中央政府按照“優質、適量、均衡、應時”的原則，組織開行編號為751、753及755的三趟快車，分別自上海、鄭州、武漢三地始發，每日滿載包括活畜禽和鮮果時蔬等在內的供港鮮活商品，經深圳運抵香港。　　（新華社記者　柳中央攝）

167 | 在香港由 7 家商號舉辦的國產機械工具陳列會於 1963 年 7 月 10 日閉幕。左邊的一些人由於沒得到當天的參觀券就在窗外看。 （新華社稿　羅玉和攝）

168 | 20 世紀五六十年代香港水荒期間市民排隊領水的情景。

從 20 世紀 60 年代起，內地著手幫助香港解決水源問題，1964 年開始修建東江—深圳供水工程。該工程北起東莞市的東江河畔，南至深圳市與香港交界的三叉河，全長 83 公里，於 1965 年 1 月竣工，年供水 6800 萬立方米，後經三次擴建，目前供水能力達 17.4 億立方米，其中向香港年供水 11 億立方米，佔香港年用水量的 70% 以上。

（新華社稿）

169 | 2017 年 4 月 18 日航拍
的廣東東江上游的河源新豐
江水庫。
東江至今仍是香港主要供水
來源。
（新華社稿）

170 ｜ 香港愛國同胞罷工、罷市回擊英帝國主義。香港西環菜市場蔬菜小販於 1967 年 6 月 13 日罷市一天。（新華社稿）

171 ｜ 1971 年 4 月 15 日、17 日和 18 日，參加第 31 屆世界乒乓球錦標賽的中國乒乓球代表團部分團員在香港為廣大愛國同胞表演。　（新華社稿）

172｜中國象棋隊應香港國弈總會邀請，從 1979 年 3 月 21 日起，連續三個晚上在香港灣仔修頓球場與香港隊進行表演賽。
（新華社記者　羅玉和攝）

173 ｜ 1980 年 8 月 29 日，在香港伊麗沙白體育館舉行了第一屆世界盃男子單打乒乓球賽。中國運動員郭躍華與李振恃在爭奪冠軍的決賽中。
（新華社記者　羅玉和攝）

174 ｜ 20 世紀 80 年代初，旅客通過羅湖橋往返深圳與香港。
羅湖口岸與香港新界一河之隔。1950 年，廣東省公安廳邊防局深圳檢查站成立，羅湖口岸成為新中國 “南大門”。此後，羅湖口岸及周邊區域熙來攘往，成為粵港澳大灣區人流、物流、資金流的重要通道。
（新華社記者　李長永攝）

175 | 1979 年 4 月 4 日，廣州—九龍直通旅客列車通車典禮在廣州舉行。　　　（新華社記者　李燕明攝）

176 │ 1982 年 5 月 2 日，相聲大師侯寶林（左）和他的老搭檔郭全寶（右）在香港藝術中心演出時，贏得香港同胞的熱烈掌聲和笑聲。　　（新華社記者　鄧觀平攝）

177 │ 1982 年 12 月 6 日，中國電影合作製片公司與香港新崑崙影業公司聯合攝製彩色故事片《垂簾聽政》。圖為香港導演李翰祥指揮拍攝"小皇帝"登基的外景。（新華社記者　張桂玉攝）

178 │ 1985 年 12 月 30 日，港澳攝影觀禮團在北京參觀大觀園時，將鏡頭對向正在這裡拍攝電視連續劇《紅樓夢》飾演林黛玉
的演員陳曉旭。　　（新華社記者　黃景達攝）

179｜1983 年 6 月 22 日至 25 日，香港漢華中學和香島中學同時組織了 1983 年全國高等學校入學考試。

國家教育部於 2011 年宣佈 63 所內地高校對香港學生豁免內地聯招考試，並於 2012 年開始推行。目前，參加該計劃的內地大學增至 127 所，依據香港中學文憑考試成績擇優錄取學生。

（新華社記者　黃本強攝）

180｜中華人民共和國香港特別行政區基本法起草委員會首次全體會議 1985 年 7 月 1 日下午開始在北京人民大會堂舉行。姬鵬飛主任委員主持會議並講話。

（新華社記者　王新慶攝）

181 ｜ 1985年，香港警察和深圳邊防戰士在中英街執勤。1899年3月18日，中英雙方按照《展拓香港界址專條》勘定"新界"
北部邊界，沙頭角的土地和居民被分成兩部分，中英雙方以界碑為界實行分治。新中國成立後，中英街延續這一狀況，形成獨
特的"一街兩制"景象。　　　（新華社稿　何煌友攝）

182 ｜ 1985 年 6 月 30 日，香港國際龍舟邀請賽在九龍尖沙咀舉行。廣東順德隊（前）以 2 分 27 秒 45 的成績划完 640 米的賽程，獲得冠軍。日本隊和印尼隊獲得第二、三名。來自 14 個國家和地區的 103 個隊參加了這次比賽。
（新華社記者　黃本強攝）

183｜ 1986 年 5 月 4 日，香港舉辦國際兒童繪畫比賽。參加這次比賽的有日本、臺灣、印尼、菲律賓、新加坡和香港六個地區的小朋友。這一天，2000 多名 4 歲至 13 歲的小朋友在香港九龍尖沙咀東部廣場四周就地作畫。 （新華社記者　鄧觀平攝）

184｜ 1986 年 5 月，北京航空食品公司廚師長、法國人孟培沙（左二）和助理廚師長、香港人鄧耀全（右二）等在一起研究航空菜餚的配製。
1980 年 4 月 10 日，香港企業家投資的中國第一家中外合資企業——北京航空食品有限公司被批准成立。
（新華社稿）

185 │ 1987 年 4 月，香港南部奇力灣實施填海工程，準備興建一個包括居民樓、商場、學校、體育場等設施在內的公共屋邨。
該址已成為華富邨及華貴邨所在地。　　　（新華社記者　鄧觀平攝）

186｜為緩解香港與九龍之間的交通繁忙狀況，香港建設第二條海底隧道，即東區海底隧道。圖為 1987 年 4 月隧道建設場面。
（新華社記者　鄧觀平攝）

187｜ 1987 年香港—北京汽車拉力賽 9 月 13 日開始，由 122 名正副車手駕駛的 61 部車從九龍海運大廈出發，進行 4000 公里的角逐。圖為香港居民在街道旁觀看比賽。
（新華社記者　湯孟宗攝）

188｜1987 年 11 月 16 日，67 歲的臺胞春生先生回到桂林拜祭去世的父母，了卻多年的夙願。

臺灣開放民眾赴大陸探親，香港是必經之地。

（新華社記者　杜新攝）

189｜從 1987 年 11 月 3 日開始，香港中國旅行社總社及 14 個分社為臺灣同胞辦理回大陸探親證件。圖為香港中旅社灣仔分社在售票廳專設"臺灣同胞售票處"。

（新華社記者　周家國攝）

190 │ 1991 年 7 月 19 日，香港大約 3000 部的士發起義載行動，為華東水災籌款。 　（新華社記者　盧炳輝攝）

191 ｜ 1993 年 8 月 3 日，國家重點工程京九（北京至九龍）鐵路在建設中。
（新華社記者　楊寶坤攝）

192｜1993年7月16日，香港特別行政區籌備委員會預備工作委員會政務小組在北京舉行會議。圖為組長梁振英（左一）發言。
（新華社記者　劉建生攝）

193｜1994年1月26日，國
內第一條由粵港合作投資建
設的高速公路——廣深高速
公路正在建設中。
（新華社記者　張肄文攝）

194｜ 首闖 "地球三極" 的
世界第一位女性李樂詩。
香港女探險家李樂詩常年獨
自一人環遊世界，足跡遍及
大半個地球。她在 1985 年抵
達南極，1986 年踏足北極，
後來又登上珠穆朗瑪峰，成
為世界上首闖 "世界三極"
的第一位女性。
（新華社稿）

195｜ 香港仍有不少水上居民。他們大部分以捕魚為生，平時居住在避風塘內破舊的住家艇上。圖為 1986 年 8 月水上居民的孩
子乘著小舢舨到岸上上學去。　　（新華社記者　盧炳輝攝）

196 │ 居住在香港新界圍村內的一些原居民保留著古老的生活習俗。圖為 1997 年 6 月香港新界吉慶圍裡的老婆婆身著中式衫褂，頭戴圍著黑布的斗笠，這是典型的客家婦女打扮。
（新華社記者　張瑞琪攝）

197 │ 1997 年 6 月 27 日，香港聯合交易所進行回歸前最後一天交易，下一個交易日為 1997 年 7 月 3 日。圖為 6 月 27 日交易員在業務結束後仍在忙於接電話。回歸以來，香港經歷了 1997 年亞洲金融危機、國際金融危機等一系列衝擊。在中央政府大力支持下，香港有效維護了金融穩定，鞏固了國際金融中心地位。　　　（新華社記者　王岩攝）

198 ｜ 1997 年 7 月 1 日前
夕，香港大街小巷紛紛掛起
中國國旗和香港特區區旗。
（新華社稿）

199 ｜ 1997 年 6 月 22 日，
元朗同胞慶委會舉行盛大的
"九龍百獅花車大巡遊" 活
動，數萬名居民冒雨參加，
龍騰獅躍，一派喜慶景象。
巡遊隊伍中掛著國旗和區
旗、區徽的花車，穿行在元
朗街頭。
（新華社記者　王呈選攝）

200 ｜ 1997 年 7 月 1 日凌晨，英國皇家遊輪不列顛尼亞號駛離香港。英國在香港的殖民統治宣告結束。中英香港政權交接儀式
後，查爾斯王子和離任港督彭定康乘坐這艘皇家遊輪離港。　　　（新華社記者　李曉果攝）

201 ｜ 1997 年 6 月 30 日午夜，中英雙方在威爾斯親王軍營舉行防務交接儀式。　　（新華社記者　王建民攝）

202 ｜ 1997 年 6 月 30 日午夜，香港警察
更換帶有紫荊花圖案的新警徽。
（新華社記者　劉彥武攝）

203 ｜ 1997 年 7 月 1 日清晨，中國人民解放軍駐香港部隊進入香港市區，市民冒雨夾道歡迎。
（新華社記者　王建民攝）

204 ｜ 1997 年 7 月 1 日出版的英國《獨立報》，在頭版以通欄中文標題報導了這一重大歷史事件。
（新華社記者　龐偉良攝）

205 ｜ 1998 年 5 月 24 日，時任香港特區行政長官董建華探訪香港特別行政區第一屆立法會選舉點票中心，與工作人員一起清倒
票箱。　　（新華社記者　劉彥武攝）

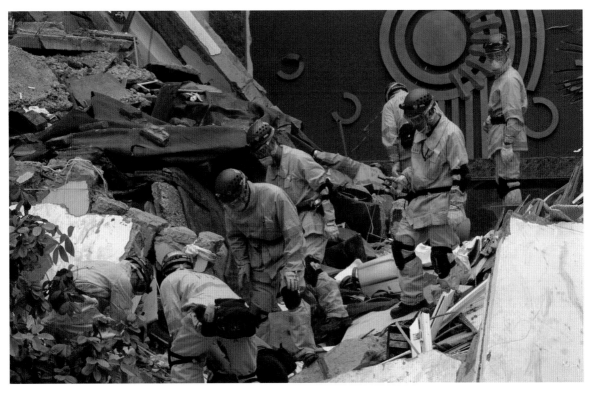

206 | 2008 年 5 月 15 日，20 名消防及醫護人員組成的香港特區搜救隊抵達四川綿竹市災區。圖為香港特區搜救隊隊員在綿竹市漢旺鎮一個建築廢墟上展開搜救工作。　　　（新華社記者　苑堅攝）

207 │ 2008 年 8 月，香港成功舉辦了北京奧運會馬術比賽。這是中國騎手黃祖平在比賽中策馬跨越障礙。
（新華社記者　周磊攝）

208 │ 2008 年 5 月 2 日，香港學生沿途歡迎奧運聖火。當日，北京奧運會聖火傳遞活動在中國香港舉行。
（新華社記者　戚恆攝）

209 ｜ 北京奧運會馬術比賽在港舉行，香港街頭奧運氣氛濃郁。2008 年 7 月 30 日，一艘渡輪從香港尖沙咀海畔的大型奧運五環
標誌前駛過。　　　（新華社記者　周磊攝）

210 ｜ 2010 年 4 月 18 日晚，香港警察儀仗隊在深圳灣口岸舉行在青海玉樹地震中為救人捐軀的香港義工黃福榮靈柩交接儀式。
黃福榮熱心內地公益事業，被人們親切地稱為 "阿福"。青海玉樹發生地震時，在當地孤兒院擔任義工的阿福冒險折返廢墟，
英勇地救出了 3 名孤兒和 1 名教師，自己卻在餘震中遇難，時年 46 歲。　　　（新華社記者　呂小煒攝）

211 │ 2013 年 10 月 25 日，在香港長洲島，一對年輕情侶自拍留影，一對年長遊客欣賞落日。長洲島是香港著名的離島，也是旅遊景點之一，島上有不少觀光名勝，民風淳樸，渡輪碼頭沿岸一帶海鮮食肆林立。週末這裡遊客雲集。
（新華社記者　秦晴攝）

212 ｜ 2016 年 5 月 11 日，"中華大熊貓苑"在四川臥龍自然保護區正式開園。圖為時任香港特區政府政務司司長林鄭月娥抱著前一年出生的熊貓進入圈舍。"中華大熊貓苑"總建築面積約 2 萬平方米，由香港特區政府援建，是集大熊貓飼養、繁育、研究、野化培訓與放歸研究以及公眾教育和高端科學觀察為一體的世界一流大熊貓研究中心。
（新華社記者　薛玉斌攝）

213 ｜ 2017 年 6 月 6 日無人
機航拍的港珠澳大橋。
2018 年 10 月 24 日通車的港
珠澳大橋跨越伶仃洋，在香
港、珠海和澳門三地之間架
起一條直接陸路的通道。
（新華社記者　梁旭攝）

214 | 2018 年 10 月 13 日，
港珠澳大橋香港段由東端的
香港口岸人工島和向西連接
大橋主體的 12 公里香港接線
組成，是這一超級跨海通道
的重要組成部分。
（新華社記者　呂小煒攝）

215 ｜ 2020 年 8 月，內地馳
援香港"火眼實驗室"開展
新冠病毒檢測的醫護人員在
座椅上休息。
（大公文匯傳媒集團供圖）

216 │ 2020 年 12 月 17 日，
在香港理工大學，研發嫦娥
五號月壤表取採樣裝置項目
主導人、理大工業及系統工
程學系講座教授容啟亮接受
新華社採訪。
（新華社記者　李鋼攝）

217 │ 2021 年 6 月 26 日，
國家月壤在香港會展中心正
式亮相。這是 2020 年 12 月
國家在月球表面成功採集的
"土壤"。圖為 6 月 25 日在
香港會展中心拍攝的月壤。
（新華社記者　李鋼攝）

218 ｜ 1990 年 4 月 4 日，七屆全國人大三次會議以 2660 票贊成通過了《中華人民共和國香港特別行政區基本法》。　（新華社稿）

219 | 2020 年 5 月 28 日，十三屆全國人大三次會議表決《全國人民代表大會關於建立健全香港特別行政區維護國家安全的法律
制度和執行機制的決定（草案）》。　　　（新華社記者　丁海濤攝）

220 ｜ 2020 年 7 月 1 日，100 多艘漁船在香港維多利亞港巡遊，慶祝香港回歸祖國 23 週年。載有 "賀國安立法" 標語的船隻從香港維多利亞港駛過。2020 年 6 月 30 日，《中華人民共和國香港特別行政區維護國家安全法》正式生效。香港國安法有效懲治和防範了危害國家安全的罪行，迅速恢復社會穩定，顯現撥亂反正的強大威力。　　　（新華社記者　呂小煒攝）

222｜2021 年 5 月 27 日，香港特區立法會三讀通過《2021 年完善選舉制度（綜合修訂）條例草案》，相關條例 5 月 31 日刊憲生效。這標誌著完善香港特別行政區選舉制度的本地立法工作全面完成，是依法治港、撥亂反正的又一重大制度成果。　　　（新華社記者　王申攝）

223 │ 1997 年 6 月 19 日，港
島街頭，印有"慶回歸"字
樣的有軌電車穿梭往來。
（新華社記者　宋曉剛攝）

224 │ 2021 年 6 月 29 日在香
港街頭拍攝的公交巴士。
"七一"臨近，香港街頭出現
許多"賀建黨百年"、"慶香
港回歸"的喜慶元素。
（新華社記者　李鋼攝）

225 │ 2021 年 8 月 5 日，在東京奧運會乒乓球女子團體比賽中，中國隊奪得冠軍，中國香港隊奪得季軍。圖為中國乒乓球隊成員和中國香港乒乓球隊成員在頒獎儀式後合影。　　　（新華社記者　王東震攝）

226 ｜ 2021 年 9 月 3 日，正在天宮空間站執行任務的神舟十二號乘組與香港科技工作者、教師和大中學生進行天地連線互動。
（新華社記者　呂小煒攝）

主　　編　白林

特邀主編　鄭琳

編　　委　劉潔　李柯勇　胡創偉　張國義　鄭衛　陳小波　趙悅

圖文編輯　李明　孔張豔　王丹　唐京偉　曹曉麗

特別鳴謝　本書蒙招商局集團鼎力支持出版

責任編輯　王婉珠
書籍設計　a_kun

書　　名　光影記憶　百年風華——《國家相冊》圖片典藏
主　　編　白林
出　　版　三聯書店(香港)有限公司
　　　　　香港北角英皇道 499 號北角工業大廈 20 樓
　　　　　Joint Publishing (H.K.) Co., Ltd.
　　　　　20/F., North Point Industrial Building,
　　　　　499 King's Road, North Point, Hong Kong
香港發行　香港聯合書刊物流有限公司
　　　　　香港新界荃灣德士古道 220-248 號 16 樓
印　　刷　美雅印刷製本有限公司
　　　　　香港九龍觀塘榮業街 6 號 4 樓 A 室
版　　次　2021 年 10 月香港第一版第一次印刷
規　　格　16 開(185 × 245 mm)208 面
國際書號　ISBN 978-962-04-4831-7